AF250742

RÉPONSE

DE

M. L'ÉVÊQUE D'ORLÉANS

A LA LETTRE

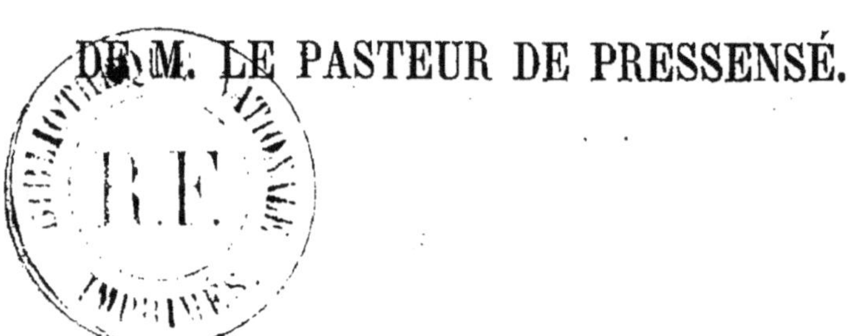

DE M. LE PASTEUR DE PRESSENSÉ.

Imprimerie de Puget et Cie.

RÉPONSE DE M. L'ÉVÊQUE D'ORLÉANS

A LA LETTRE

DE M. LE PASTEUR DE PRESSENSÉ,

———

Monsieur et honoré Collègue,

On a placé ce matin sous mes yeux une lettre que vous avez bien voulu m'écrire, et qui m'est parvenue hier par l'organe d'un journal qui se nomme le *XIXe Siècle*. Permettez que j'aie l'honneur de vous répondre sans retard.

Les longs reproches que vous m'adressez se résument au fond en ce grief : que j'aurais mêlé la religion à la politique en demandant à mon diocèse des prières, et cela pour une cause, dites-vous, qui ne le mérite pas.

J'ai mêlé la religion à la politique : mais comment n'avez-vous pas vu, Monsieur, que c'est là précisément ce que vous faites vous-même dans la lettre où vous me le reprochez ? Car comment caractérisez-vous la monarchie nationale et constitutionnelle dont il est question en ce moment ? Vous l'appelez « un *théocratisme ; un théocratisme sans franchise.* » Et vous demandez, dites-vous, « au Dieu de l'Evangile » *dans vos prières* d'en préserver à jamais notre patrie. Qu'est-ce que cela, sinon travestir une question politique en question religieuse, et dans vos prières aussi, mêler la religion à la politique?

Mais permettez-moi de vous dire ici mon étonnement: Comment ne voyez-vous pas qu'en parlant de *théocratisme*, vous autorisez devant des populations trop faciles à égarer, toutes les calomnies dont vous-même sans doute reconnaissez l'indignité et la bassesse, dîmes, corvées, droits féodaux, billets de confession, et toutes ces sottises que certains journaux ne craignent pas de jeter, tous les matins, en aliment aux passions populaires.

. La question est politique, Monsieur, et quand vous nous accusez de *théocratisme*, laissez-moi vous le dire, c'est un grand mot pour effrayer les consciences, et surexciter, sans le vouloir, je le crois, les passions religieuses et antireligieuses; et c'est cela, Monsieur et cher collègue, que je suis en droit d'appeler, pour me servir de vos paroles, « un détestable mélange de politique et de religion. »

Je m'étonne d'ailleurs encore, que voulant interpréter avec impartialité ma pensée, vous ayez passé sous silence des paroles telles que celles-ci : « Demandons à Dieu que sur cette base divine du Décalogue, notre patrie assoie ses destinés humaines, *quelles qu'elles soient, à quelque régime politique qu'elle se trouve réservée.* »

Mais, non content d'élever contre moi une accusation qui retombe sur vous-même, vous attaquez avec une âpreté singulière la cause de la monarchie.

C'est « par la liberté, » dites-vous, que vous demandez à Dieu de relever la France. La liberté, sans aucun doute, il la faut ; mais me sera-t-il permis de vous rappeler que l'ordre n'est pas moins nécessaire que la liberté à un pays qui veut se relever ?

Quant à la liberté, voici ce que les projets de restauration monarchique vous offrent :

1° Les libertés civiles et religieuses ;

2° L'égalité de tous les citoyens devant la loi ;

3° Leur admissibilité à tous les emplois civils et militaires ;

4° La liberté de la presse ;

5° La liberté de conscience et des cultes ;

6° La représentation nationale divisée en deux Chambres ;

7° Le vote annuel de l'impôt par la représentation nationale, et la confection des lois par l'accord des Chambres et du Roi ;

8° Le suffrage universel ;

9° La responsabilité ministérielle ;

10° Et en général tout ce qui constitue le droit public actuel des Français.

En fait de libertés, que voulez-vous de plus, Monsieur ? Que pourrait y ajouter la République ? Et certes, si vous identifiiez la République avec la liberté, vous auriez étrangement oublié l'histoire.

Telle est, Monsieur, la question politique, la vraie question : les hommes qui veulent le rétablissement de la monarchie, voilà les garanties, voilà les libertés qu'ils ont stipulées. Ces hommes sincères l'ont affirmé; on l'a nié ; eh bien, ils vous ont offert sur ce point une loyale discussion : vous l'avez refusée : mais les faits sont là, les garanties sont là; c'est en ces termes exprès que sera conclue, à la face du ciel et de la terre, l'alliance entre la nation et le roi : et voilà ce que vous appelez un « théocratisme sans franchise ! »

Je suis stupéfait, en vérité, des alarmes, vraies ou feintes, que l'on étale ici. On parle du droit public moderne menacé; et c'est ce droit public tout entier qui est stipulé. Citez une liberté actuelle qui soit oubliée, je vous en défie! On parle d'une revanche de 89; et précisément c'est la Monarchie, nationale et constitutionnelle de 89 que l'on rappelle ! Voilà la vérité.

Souvenez-vous, Monsieur et cher collègue, du rapport lu au nom du Comité de Constitution, dans la séance du 27 juillet 1789, par M. de Clermont-Tonnerre. Eh bien, toutes les libertés énumérées dans ce rapport (1), le décret proposé

(1) Voici le dispositif de ce rapport :

Art. 1er. Le gouvernement français est un gouvernement monarchique.

Art. 2. La personne du roi est inviolable et sacrée.

Art. 3. La couronne est héréditaire de mâle en mâle.

Art. 4. Le roi est dépositaire du pouvoir exécutif.

Art. 5. Les agents de l'autorité sont responsables.

à nos votes les contient, et au-delà. Et, en vérité, les mots n'ont plus de sens, s'il est permis ici de parler de revanche de 89, ou de théocratisme sans franchise.

Du reste, le Prince, dont tous honorent la loyauté, ne l'a-t-il pas lui-même déclaré : « Nous reprendrons, en lui « restituant son caractère véritable, le mouvement national « de la FIN *du dernier siècle.* » Et M. le comte de Chambord n'avait pas attendu le moment actuel pour tenir ce langage ; toutes les libertés que nous venons d'indiquer, depuis vingt ans, dans toutes ses lettres, il les a proclamées.

Vous dites que ce qui se prépare ainsi, au grand jour, sous les yeux du pays, est un attentat à la Souveraineté nationale ; qu'on ose « fouler aux pieds la Souveraineté nationale ! » Ah ! Monsieur, j'ai passé ma vie à voir avec douleur fouler aux pieds la Souveraineté nationale : mais par qui ? Je vous le demande. Par ceux qui se font aujourd'hui vos alliés. Au 24 février, quand l'enceinte de l'Assemblée fut envahie par l'émeute en armes ; au 15 mai, quand on voulait jeter l'Assemblée dans la Seine ; aux journées de juin, quand

Art. 6. La sanction royale est nécessaire pour la promulgation des lois.

Art. 7. La nation fait la loi avec la sanction royale.

Art. 8. Le consentement national est nécessaire à l'emprunt et à l'impôt.

Art. 9. L'impôt ne peut être accordé que d'un terme à l'autre des Etats généraux.

Art. 10. La propriété sera sacrée.

Art. 11. La liberté individuelle sera sacrée.

une insurrection terrible condamna le général Cavaignac à défèndre la Société menacée ; plus tard, au 2 décembre, au 4 septembre, car toutes ces dates s'appellent les unes les autres ; et dans les six mois de dictature qui suivirent et où ceux qui s'étaient emparés de la France refusèrent obstinément à la Souveraineté nationale de convoquer ses représentants ; au 18 mars enfin, dans cette effroyable insurrection de la Commune : à toutes ces dates, la Souveraineté nationale a été foulée aux pieds : mais par qui ? Est-ce par les amis de la Monarchie nationale et constitutionnelle ? Jamais. Et sous la première République, qui a fait toute cette série d'insurrections armées contre la Souveraineté nationale ou d'invasions violentes du pouvoir, le 10 août, le 31 mai, les 1, 2 et 3 prairial, le 9 thermidor, le 18 brumaire ? J'en passe, et de célèbres. Voilà les précédents, Monsieur, vous les connaissez : Non ceux qui menacent la Souveraineté nationale, ceux qui procèdent par voie révolutionnaire, ce ne sont pas les monarchistes, ce sont les hommes de la Révolution.

Ce qui se prépare, au contraire, c'est l'exercice même, régulier, normal, constitutionnel et pacifique de cette Souveraineté. L'Assemblée est CONSTITUANTE : le peut-on nier ? Le nierait-on, s'il s'agissait de constituer la République ? Et faut-il vous rappeler cette suite de décrets, décrets des 8 septembre, 18 septembre, 25 septembre, 30 septembre, 10 octobre 1870, dans lesquels l'Assemblée future est nommée CONSTITUANTE, perpétuellement proclamée CONSTITUANTE ; (1) et le peuple français tant de fois averti par décrets et par tant d'actes officiels, que c'est pour nommer une Assemblée CONSTITUANTE qu'il est convoqué ? Avez-vous oublié les déclarations si souvent réitérées de M. Thiers, à Versailles comme à Bordeaux ? que de fois n'a-t-il pas dit: « Vous êtes constituants, vous avez le droit de constituer, de choisir la forme du Gouvernement, et il

(1) Voici ces décrets :

Le 8 septembre 1870, le *Journal officiel* publiait le décret suivant :

Article 1er. — Les colléges électoraux sont convoqués pour le dimanche 6 octobre, à l'effet d'élire une *Assemblée nationale CONSTITUANTE*.

Art. 2. — Les élections auront lieu au scrutin de liste conformément à la loi du 15 mars 1849.

Art. 3. — Le nombre des membres de l'ASSEMBLÉE CONSTITUANTE sera de sept cent cinquante.

Le 18 septembre 1870, le *Moniteur universel* (suppléant à Tours le *Journal officiel*) publiait ce second décret en date du 15 septembre.

Les élections pour l'*Assemblée CONSTITUANTE* sont avancées au dimanche 2 octobre.

Huit jours après, le même journal publiait ce troisième décret, en date du 25 septembre 1870.

Article 1er — Toutes les élections municipales et pour l'*Assemblée CONSTITUANTE* sont suspendues et ajournées.

Cinq jours après, le même journal publiait ce quatrième décret, en date du 30 septembre 1870 :

Article 1er — Les colléges électoraux sont et demeurent convoqués pour le dimanche 16 octobre courant, à l'effet d'élire une *Assemblée nationale CONSTITUANTE*.

Dix jours après, paraissait ce cinquième décret, en date du 10 octobre 1870 :

Tours, le 10 octobre 1870.

Le Gouvernement de la Défense nationale,

Vu la dépêche de la Délégation de Tours en date du 29 septembre, parvenue le 1er octobre au Gouvernement, portant fixation au 16 octobre des élections pour l'*Assemblé, CONSTITUANTE*...

(*La Liberté*, 25 octobre 1873.)

ajoutait : « Faites la monarchie, si vous le pouvez ; mais vous ne le pouvez pas ; vous êtes divisés. » Divisés : aujourd'hui on ne l'est plus. La Monarchie unie, tant de fois vantée par M. Thiers (1) elle est possible enfin. Et c'est alors qu'on la repousse !

La question, la vraie question, où est-elle encore ? Elle n'est pas seulement politique, Monsieur, elle est surtout sociale.

Oui, le péril social est immense ; la société française marche aux abîmes ; la révolution sociale gagne chaque jour du terrain, et mine le pays à des profondeurs terribles ; en l'absence d'institutions fondées sur un principe de stabilité, rien, absolument rien, ne peut retarder longtemps les catastrophes ; les habiletés, les expédients n'y sauraient plus suffire : aveugle, qui ne le voit pas ! Mais non-seulement vous ne voulez pas le voir, vous allez à ce péril, vous faites alliance avec lui : jamais illusion ne fut plus grande.

Oh ! je sais bien ce que vous dites : la république radicale, la révolution sociale, nous la dompterons, nous en serons maîtres. — Vous vous flattez étrangement : Non,

« (1) Vous n'êtes pas engagés, moi je le suis. Quand j'ai donné ma parole, moi monarchiste, moi qui ai toujours rêvé pour mon pays la Monarchie constitutionnelle, eh bien ! oui, sous l'empire des circonstances, je me suis engagé ; mais il n'y a que moi d'engagé. *Je n'hésite pas à le dire, si devant moi je voyais la possibilité de faire la Monarchie, si on le pouvait..* et si on le peut, il faut me le dire, savez-vous ce que je ferais ? *Je trouverais une manière de me retirer,* ET JE LAISSERAIS FAIRE CEUX QUI POURRAIENT RESTAURER LA MONARCHIE. »

(Discours de M. Thiers à l'Assemblée nationale. — Séance du 29 novembre 1872. — Annales parlementaires, t. XIV, p. 297.)

elle vous dévorera, et promptement. C'est la loi de la nature et de l'histoire ; vous ne la changerez pas. Toujours, les modérés, les honnêtes, sont emportés par les violents. Les modérés d'abord ont été dévorés par les Girondins ; les Girondins par les Montagnards ; ceux-ci, les uns par les autres ; Hébert, Chaumette, par Danton et Robespierre ; Danton lui-même, par Robespierre ; Robespierre, par Tallien ; et tous enfin, par le despotisme. Voilà votre sort, à tous, conservateurs, coalisés en ce moment avec les éternels ennemis de l'ordre social. Leurs alliés aujourd'hui, demain leurs victimes.

Il ne s'agit pas de théories abstraites : il faut voir les faits, les questions sociales posées, et les solutions connues. Ouvrez les yeux : c'est un gouffre qui est devant vous. Après votre victoire, et le dernier rempart de l'ordre social, l'Assemblée une fois renversée, qu'adviendra-t-il ? Votre coalition, elle n'existe qu'à la condition d'être dissoute le lendemain de son succès, vous le savez. Étrange coalition, où nous sommes douloureusement surpris de voir des noms monarchiques, des hommes honorables, qui voulaient précisément la monarchie constitutionnelle que nous offrons ! et ceux aussi qui naguère ont travaillé à restaurer l'ordre, au moment où le pays allait sombrer dans les abîmes vers lesquels on court aujourd'hui !.. Une Convention pour toute la France, une Commune pour chaque ville, voilà l'avenir inévitable. La vraie question, la voilà. Nous sommes entre le port et l'abîme. Ne conspirez pas avec la tempête.

Et c'est quand nous en sommes là, que vous raillez agréablement, vous, pasteur du saint Évangile, les prières catholiques, et que vous venez me rappeler cette vérité banale que « l'Église n'est pas de ce monde. » Mais elle est dans ce monde apparemment. Sans doute elle ne s'inféode à aucune forme politique; mais des désastres qui nous menacent, la Religion subit inévitablement, et la première, les redoutables contrecoups. Avez - vous oublié que l'athéisme a été le maître de Paris, et ce qu'il en a fait? Quand un peuple chrétien voit que la politique peut lui donner une Commune sanglante, profaner, piller et fermer ses églises, emprisonner et massacrer ses prêtres, arracher le crucifix de ses écoles, faire proclamer l'athéisme du haut des chaires par des enfants de douze ans, vous voulez qu'il ne demande pas à Dieu de lui épargner le retour de telles horreurs !

Contre ce retour menaçant quelles garanties nous offrez-vous? Seule, la République, dites-vous, nous préservera à l'avenir des révolutions. Mais quelle République? car vous en avez plusieurs, et il y en a une qui, de révolutions en révolutions, fera sa proie de toutes les autres : relisez le discours de M. Gambetta, du 28 février 1873. Vous parlez d'impopularité! Ah! ce qui est impopulaire, ce n'est pas la Monarchie, ce sont les préjugés dont vous l'environnez; ce qui est impopulaire, Monsieur, c'est l'instabilité, la mobilité des gouvernements et des institutions. Ne savons-nous pas, par une triste expérience, que dans notre pays la République est trop souvent la révolution elle-même, la révolution à demeure, l'agitation en permanence ? Chez nous, avec les républicains que nous avons, alors même que le désordre ne serait pas dans la rue, quelque chose nous menacera toujours : l'anarchie légale.

Ma conviction profonde, Monsieur, c'est que les maux de la France, si ce qui se prépare échoue, étonneront de nouveau le monde ; nous irons, de calamités en calamités, jusqu'au dernier fond de l'abîme. Et la malédiction de l'avenir et de l'histoire s'attachera à ceux qui, pouvant asseoir le pays sur ses bases séculaires, dans la stabilité, la liberté et l'honneur, auront empêché cette œuvre, et précipité cette malheureuse France, au moment même où elle essayait un dernier effort pour se sauver, sur la pente fatale où elle est entraînée, depuis bientôt un siècle, de catastrophe en catastrophe.

Quelle tristesse alors, et quels remords pour certains hommes, forcés alors de se dire : il y a eu un jour, une heure, où on aurait pu sauver la France, où notre concours aurait décidé de tout : et nous ne l'avons pas voulu !

Voilà pourquoi, Monsieur, je désire la Monarchie, dont vous avez peur ; en quoi, il est triste pour vous d'avoir comme alliés tous les jaloux, les ennemis mortels de la France, qui, eux aussi, à Berlin et ailleurs, ont peur de la monarchie ; car ils savent bien que la monarchie referait la France libre et prospère, grande et puissante. L'instabilité de la France, et ses agitations incessantes leur plairaient mieux.

N'avons-nous pas, Monsieur, la plus belle famille royale

qui soit en Europe? Que de fois, pendant la guerre, au milieu de nos malheurs, en voyant tous ces Princes allemands à la tête de leurs soldats, que de fois me suis-je dit : « Ah ! s'il y avait aussi à côté des braves chefs de nos armées tous nos vaillants princes ! le sort des armes peut-être changerait. » Mais alors, nous étions en république, et c'était, hélas ! un avocat qui commandait à nos généraux.

Je désire donc la monarchie ; et cependant, Monsieur, je n'engage pas ici absolument mon vote, et je ne comprends pas, du reste, qu'avant une discussion définitive, un homme sérieux engage obstinément le sien.

J'ai assez de respect pour ceux dont j'ai l'honneur d'être le collègue à l'Assemblée pour croire, quelle que soit leur opinion actuelle, qu'ils ne sont pas de ceux qui disent, comme Sheridan à Fox : « Vous avez souvent changé ma « conviction, mais mon vote jamais. »

Veuillez agréer, Monsieur et honoré collègue, l'hommage de ma haute considération.

† FÉLIX,

Evêque d'Orléans.

Orléans, le 28 octobre 1873.